똑똑 세계사

Meet the Ancient Egyptians

고대 이집트

고대 이집트

초판 1쇄 발행 2022년 2월 15일
2쇄 발행 2025년 9월 15일

제임스 데이비스 글·그림 | 김완균 옮김

펴낸이 김현태 **펴낸곳** 책세상어린이
등록 2021년 1월 22일 제2021-000032호
주소 서울시 마포구 잔다리로 62-1, 3층(04031)
전화 02-704-1250(영업), 02-3273-1334(편집) **팩스** 02-719-1258
이메일 editor@chaeksesang.com
광고·제휴 문의 creator@chaeksesang.com
홈페이지 chaeksesang.com
페이스북 /chaeksesang **트위터** @chaeksesang
인스타그램 @chaeksesang **네이버포스트** bkworldpub

ISBN 979-11-5931-817-7 74900
ISBN 979-11-5931-816-0 (세트)

• 잘못되거나 파손된 책은 구입하신 서점에서 교환해 드립니다.
• 책값은 뒤표지에 있습니다.
• 7세 이상의 어린이에게 적합한 도서입니다. Printed in Korea

Meet the Ancient Egyptians by James Davies
Text and illustration copyright © 2018 by James Davies
Design copyright © 2018 by The Templar Company Limited
First published in the UK by big Picture Press, an imprint of Bonnier Books UK,
The Plaza, 535 King's Road, London, SW10 0SZ
www.templarco.co.uk
www.bonnierbooks.co.uk
All rights reserved.
Korean translation rights © 2022 by CHAEKSESANG PUBLISHING CO.
Korean translation rights are arranged with Big Picture Press,
an imprint of Bonnier Books UK through AMO Agency Korea.
이 책의 한국어판 저작권은 AMO에이전시를 통해
저작권자와 독점 계약한 책세상에 있습니다.
저작권법에 의해 한국 내에서 보호를 받는 저작물이므로
무단 전재와 무단 복제를 금합니다.

Meet the Ancient Egyptians

고대 이집트

책세상
어린이

차례

람세스 2세의 신전

거대한 멤논의 조각상

동쪽 사막

왕가의 계곡

나일강

북아메리카

유럽

남아메리카

아프리카

고대 이집트

루소르 신전

기원전 3200년 무렵부터 기원전 30년까지 3000년이 넘도록 이어진 고대 이집트는
세계 역사에서 정말 위대한 문명을 꽃피웠어요.

고대 이집트는 사람들이 나일강 가까이에 자리를 잡으면서 시작되었답니다.
시간이 지나 두 개의 왕국이 생겨났어요. 기원전 3200년 무렵에 남쪽 상이집트의 왕이
북쪽 하이집트를 정복하고 이집트를 통일했지요. 그 왕의 이름은 메네스였어요.
그 왕에 대해 알려진 사실은 그리 많지 않아요.
메네스는 이집트 왕국 최초의 수도였던 멤피스를 건설했고,
뒷날 하마에게 물려 죽었다고 해요.

으아아아악!

우리는 고대 이집트 사람들에게 감사해야 할 것이 아주 많답니다.

그들은 달력과 치약, 그리고 미라도 발명했어요.
주변을 둘러보면 고대 이집트 사람들에게 영감을 받은 건물, 영화,
예술 작품들을 어디서나 만날 수 있지요.
자, 그럼 고대 이집트로 한번 떠나 볼까요?

이집트는 몹시 덥고 건조한 나라예요. 좀처럼 비가 내리지 않아 거의 모든 곳이
사막이랍니다. 나일강은 이집트의 사막을 통과해 흐르며 강기슭을 따라 기름진 땅을
만들어 주었어요. 고대 이집트는 이 강 덕분에 번창할 수 있었지요.
오늘날에도 대부분의 이집트 사람은 여전히 이 강을 따라 살고 있답니다.

해마다 여름이면 강물이 흘러넘쳤고, 그 덕분에 강둑을 따라서 작물을 가꾸고,
벽돌을 만들고, 소 떼를 키우기에 안성맞춤인 기름진 흙이 쌓였어요.
하지만 그게 다가 아니에요. 나일강은 사람들에게 많은 물고기와
'파피루스'라는 종이를 만드는 갈대도 선사했어요.

이집트 왕들은 사치스럽게 살았어요. 그러나 대부분의 이집트 사람은 매우 가난했지요.
그들이 모든 일을 다 했는데도 말이에요! 이집트 농부들은 1년 중에 많은 날을
돈도 제대로 받지 못하고 일해야 했어요. 정말 말도 안 되는 일이지요!

사람들은 대부분 나일강 근처에서 농사를 지어 먹고살았는데, 농부로 산다는 건
꽤 힘든 일이었어요. 이집트 사람들은 황소가 끄는 쟁기를 처음으로 사용했지만,
농사는 여전히 허리가 휠 만큼 고된 일이었지요.

너무 더워서
쩌 죽을 것 같아!

그래서 어떤 농부는 부유한 귀족의 하인으로 일하거나, 장인 또는 예술가가 되었어요.
그런 농부들은 좀 더 편안하게 살았지요. 물론 그들에게 그럴 만한 재능이 있다면 말이에요!

고대 이집트에서는 가족이 아주 중요했어요. 남자는 젊은 나이에 결혼을 했고,
때로는 여러 명의 아내를 두었지요. 여자는 아이들과 가정을 돌보았어요.
그들은 아이들을 신이 내린 축복이라고 생각했답니다.
아마도 아이들은 원하는 건 무엇이든 할 수 있었을 거예요!

다시 또 그럼 안 돼!
그러니까 내 말은…
너무 사랑스럽구나!

부잣집 남자아이들은 학교에 다니며 읽기와 쓰기, 수학을 배웠어요.
하지만 평범한 남자아이들은 대부분 학교에 다니지 않고
아버지에게 장사를 배웠지요.

여자아이들은 읽거나 쓰는 법을 배우지 않았어요.
그 대신 어머니에게 집안일을 배웠답니다.

남자와 여자 모두 가발을 쓰고, 예복을 차려입고, 화장하는 걸 좋아했어요.
눈병을 치료하거나 귀신의 저주를 피하려고 검댕과 광물로
화장품을 만들어 사용했지요.

나한테
잘 어울리나요?

부유한 남자와 여자들은
양털이나 사람의 머리카락으로
만든 가발을 썼어요.
그런 가발을 쓰면 멋있어
보이기도 했지만,
강한 햇빛을 가릴 수도 있었지요.

재

빗

붉은 점토

천연
헤나 염료

화장 솔

거울

화장품 상자

무더운 날씨 탓에 옷은 대부분 단순하고 가벼웠어요.

단순한 구슬 목걸이에서 금으로 만든
화려한 머리 장식까지 남녀 모두가
온갖 보석으로 치장을 했어요.

남자들은 직사각형 천을
짧은 치마처럼
허리에 둘렀어요.

여자들은 '아마'라는
식물로 만든
긴 치마를 입었어요.

이집트 사람들은 누구나
멋스러운 샌들을 신었어요.

자기 옷이 너무 평범해서 재미없다고 생각한 사람들은 옷을 장식하거나 염색을 했어요.
야자수 잎으로 만든 샌들로 한껏 멋을 내기도 했지요!

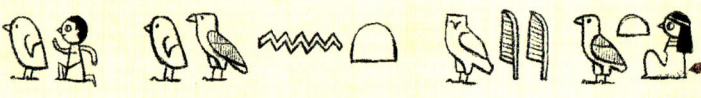

고대 이집트 사람들은 오래전부터 무슨 일이 일어났는지를
기록으로 남겼어요. 특별 서기관이 돌과 파피루스에
파라오, 전쟁, 신화, 기도에 관한 이야기를 적었지요.
그들은 '사물의 모양을 본뜬 글자'라는 뜻의 상형 문자인
'히에로글리프'를 만들어 사용했어요. 그 덕분에 우리는
고대 이집트에 관해 많은 것을 알 수 있지요!
고대 이집트인의 상형 문자가 어떻게 생겼는지
잠깐 살펴볼까요?

이 문장은 '나는 나의 미라를 원해!'라는 뜻이에요.

우리가 고대 이집트의 상형 문자를 읽을 수 있는 것은
나일강 어귀의 로제타 마을에서 발견한 비석인 '로제타석' 덕분이에요.
그 큰 돌에는 고대 이집트 문자와 그리스 문자가 나란히 새겨져 있어요.
학자들은 그리스 문자를 해석해서 암호를 풀고, 그것을 바탕으로 다른 고대 이집트의
문자까지 모두 읽어 냈지요. 어때요? 대단하지 않나요? 오늘날에도 로제타석을
볼 수 있답니다. 영국 런던에 있는 대영 박물관에 전시되어 있거든요.

이번에는 이집트의 살림집이 어떤 모습이었는지 살펴볼까요?

땅에 구덩이를 파서
음식물을 저장했어요.

집 안에는 현관, 여럿이 함께 모이는 공간, 침실,
그리고 부엌이 있었어요. 가구가 거의 없는 아주
소박한 집이었지요. 요즘 우리의 집하고는 많이 다르죠?

무더운 날에는 이런 평평한 옥상에서
음식을 먹고 잠도 잤어요.

부잣집에는 편안한 침대와
매트리스가 있었어요.
하지만 가난한 사람들은
대부분 깔개나 볏짚 위에서
잠을 잤지요.

땅에 구덩이를 파고,
그 위에 나무 의자를 올려서
화장실로도 이용했지요.

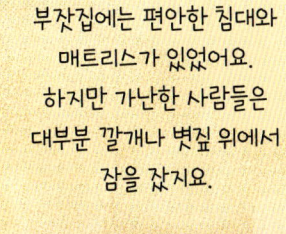

음···, 맛있는 게
들어 있겠지?

아, 오늘 밤도
꽤나 간지럽겠군!

고대 이집트 사람들은 요즘 우리처럼 먹지 않았어요.
그때는 피자도, 초콜릿 과자도 없었거든요. 그렇다면 무엇을 먹고 살았을까요?
이집트 사람들은 과일, 채소, 빵 등 모든 음식을 직접 손으로 만들거나 재배해서 먹었어요.
부유한 사람들은 자신이나 하인이 사냥한 동물의 고기를 먹기도 했지요.
어쨌거나 슈퍼마켓에 들러 장을 볼 필요는 없었겠네요!

포도주

멜론

황소 머리

석류

어…, 전 안 먹을래요.

냠냠, 맛있는 으깬 순무!

황소의 심장

포도

양파

맥주

야자수 열매

생선

우아, 생선이다! 내가 제일 좋아하는 저녁이야!

고대 이집트 사람들이 가장 좋아하는 음료는?
바로 맥주였어요! 그들은 날마다 맥주를 마셨지요.
그때만 해도 영양을 골고루 섭취해야 한다는
사실을 잘 몰랐거든요.

동물을 사랑했던 고대 이집트 사람들은 반려동물을 많이 키웠어요.

동물이 신을 대신한다고 생각했기 때문에 반려동물을 행복하게 해 주려고 최선을 다했지요.

고양이와 개는 그때도 오늘날처럼 인기 있는 반려동물이었어요.

그 밖에 새, 가젤, 개코원숭이, 심지어 악어까지 키웠답니다.

공짜 아녔어요?

어떤 동물은 사람이 하는 일을 돕도록 훈련을 받았어요.
경찰은 때로 원숭이의 도움을 받아 범인을 잡기도 했지요.
여러분도 빵 한두 조각만 주면 원숭이의 도움을 받을 수 있을지 몰라요.

저기, 저 도둑 거위 잡아라!

이집트의 최고 통치자를 '파라오'라고 해요. 파라오는 '큰 집'이라는 뜻으로,
이들이 곧 왕이었지요. 제사장이면서 신의 역할을 했던 파라오는 아주 바쁜
사람이었답니다. 다행히 파라오 곁에는 조언을 해 주는 관리와 하인들이 늘 함께했지요.
파라오는 개인적인 일도 스스로 하지 않았어요. 심지어 자기 손도 씻지 않았으니까요.
파라오가 재채기를 하면, 사람들이 나쁜 징조로 여겼대요. 그렇다면 고춧가루는
꼭꼭 숨겨야겠지요?

여성의 힘!

파라오 곁에는 함께 통치하는 위대한 왕비가 있었어요.

왕비는 또한 대를 이어 왕국을 이끌 아들과 많은 아이를 낳는 역할도 했지요.

매우 강한 권력을 지닌 몇몇 여성은 스스로 통치자가 되기도 했어요.

하지만 이집트를 다스린 170명의 파라오 가운데 여성은 일곱 명뿐이었지요.

조세르

(통치 기간: 기원전 2668~기원전 2649년 무렵)

조세르는 피라미드를 처음 만들었어요.
하지만 아주 훌륭하지는 않았지요.

쿠푸

(기원전 2589~기원전 2566년 무렵)

쿠푸는 좀 더 나았어요. 그는 '기자'라는 도시에
거대한 피라미드를 지었고, 그곳에 묻혔지요.

아크나톤

(기원전 1350~기원전 1334년 무렵)

아크나톤은 이집트에서 사제들의 세력이
가장 강했을 때의 파라오였어요.
그는 사람들이 태양신인 아톤만을 숭배하게 했답니다.

네페르티티

(기원전 1353~기원전 1336년 무렵)

네페르티티는 아크나톤의 아내였지만,
왕인 남편만큼이나 강한 권력을 갖고 있었어요.
오늘날에도 아름다움의 상징이에요.

하트셉수트

(기원전 1498~기원전 1483년 무렵)

하트셉수트 여왕은 어린 아들을 대신해 통치했어요.
지혜로워 보이려고 가짜 수염을 붙이기도 했대요.

투탕카멘

(기원전 1332~기원전 1323년 무렵)

투탕카멘은 아홉 살에 파라오가 되었어요.
그 나이에 나라를 다스린다는 게
상상이 되나요?

숙제? 안 할 거야!
나는 파라오라고!

람세스 2세

(기원전 1279~기원전 1213년)

람세스 2세는 다른 파라오보다 훨씬 많은 신전을 지었어요.
그 신전마다 자기를 닮은 조각상을 세웠지요.
머리가 정말 크군요!

클레오파트라

(기원전 51~기원전 30년)

이 유명한 파라오는 원하는 것을 얻기 위해
자신의 미모와 권력을 이용했어요. 심지어 남동생이 권력을
차지하려고 하자 그를 죽이기까지 했지요!

고관

파라오가 나라를 다스리기는 했지만, 그들은 고관이 이끄는 거대한 팀의 도움을 받았어요.
고관은 파라오를 돕는 특별 보좌관으로, 왕국 전 지역에 있는 관리들이 저마다
맡은 일을 잘하는지 확인했지요.

몸을 장식하는 상징물을 보면 누가 파라오인지 알 수 있어요. 흔히 돌로 만든 관이나
그림에서 파라오의 권력과 힘을 나타내는 상징물을 확인할 수 있지요.

코브라와 독수리

파라오를 보호하는 동물이에요.
여러분이라면 자신을 보호하기 위해
어떤 동물을 선택할래요?

왕관과 머릿수건

파라오의 권력을 상징해요.
투탕카멘의 황금 가면과 거대한 스핑크스도
'네메스'라는 줄무늬 머릿수건을 쓰고 있지요.

턱수염

고대 이집트 사람들도 면도를 했어요.
하지만 수염을 기른 신이야말로
정말 신성하다고 생각했지요.
파라오는 자신이 살아 있는 신임을
증명하기 위해 끈으로 묶은 가짜 수염을
달고 다녔어요. 심지어 여성 파라오도
턱수염을 붙이고 다녔답니다!

갈고리 모양의
지팡이

도리깨

갈고리 모양의 지팡이와 도리깨

가슴에 두 손을 모으고
'지팡이'와 '도리깨'를 쥐고 있는
파라오도 있지요. 이것이 무엇을
상징하는지 궁금하지요? 갈고리 모양의
지팡이는 왕의 권위를 나타내고,
도리깨는 기름진 땅을 상징했어요.

많은 종교가 하나의 신을 섬겼지만, 이집트 사람들은 수천 명의 신을 숭배했어요.
지역마다 자신들의 고유한 신을 섬겼지요. 신들은 대부분 동물 또는 동물 머리를 한
인간의 모습으로 그려졌어요.

호루스
하늘의 신

세베크
풍요의 신

토트
지혜의 신

거기,
잘생긴 사람!

하토르
사랑의 여신

세트
혼돈의 신

크눔
물의 신

이집트 사람들은 신들이 모든 삶을 통제한다고 믿었기 때문에 신들을 행복하게 하는 일을 아주 중요하게 여겼어요. 여러분도 신을 화나게 하고 싶지 않을 거예요. 신들이 화가 나면 질병, 흉년, 심지어 죽음까지 불러올 수도 있으니까요.

프타
창조의 신

라
태양의 신

> 햇빛에 잘 태웠나 봐요?

아몬
대기의 신

아누비스
죽은 사람을 인도하는 신

오시리스
죽음의 신

이시스
치유의 여신

이집트 의사들은 사악한 귀신이 사람을 아프게 한다고 믿었어요.
그들은 병을 치료하기 위해 동물의 배설물로 만든 주스처럼 생각하기조차 끔찍한 약을
처방해 주었답니다. 지독한 냄새와 맛이 귀신을 쫓아 줄 거라고 믿었지요. 우엑!
의사들은 칼, 망치, 송곳을 사용해 수술을 하기도 했어요. 세상에나!

새똥

열을 내리는 연꽃

나무망치

톱

부적

수술칼

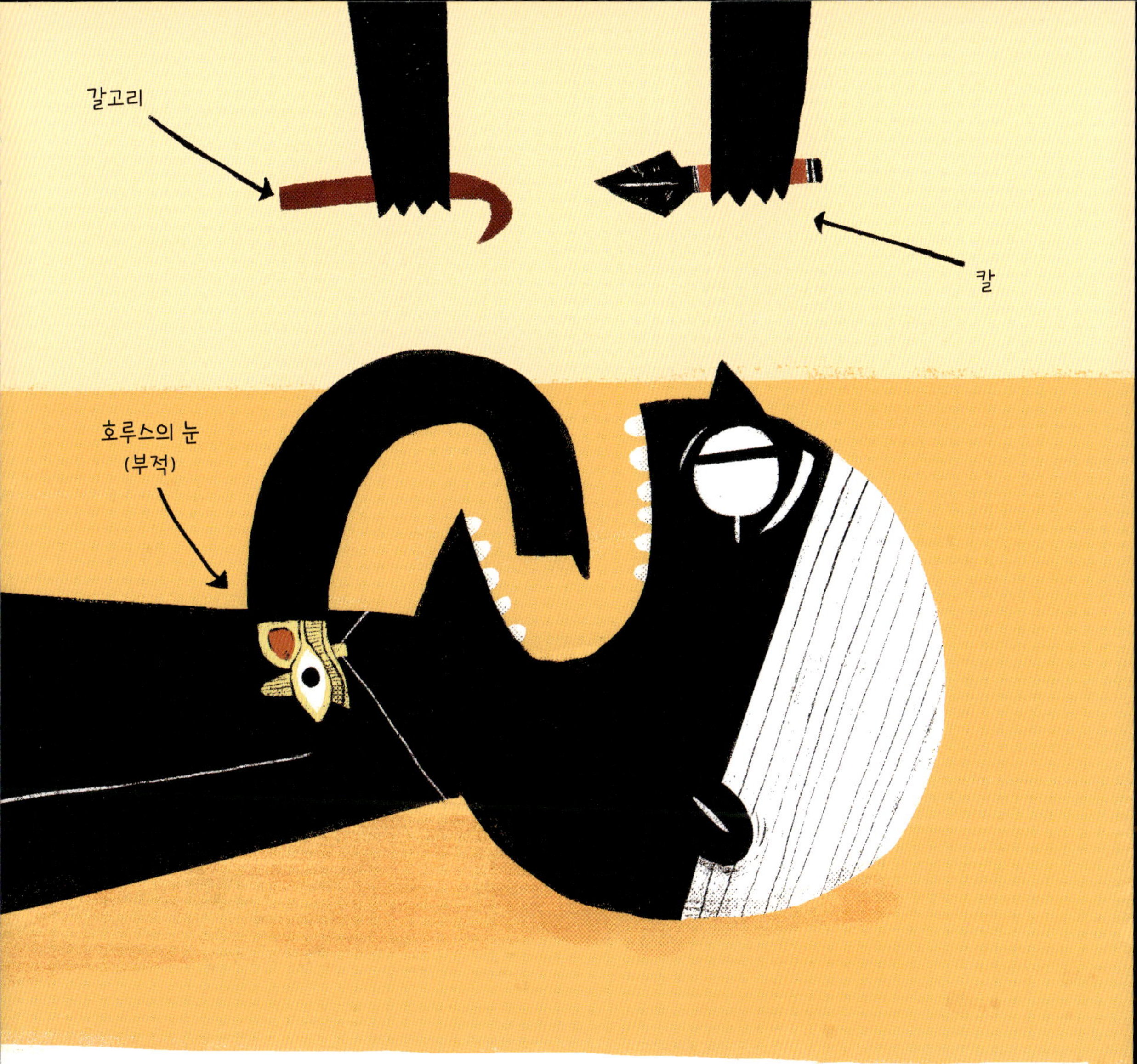

갈고리

칼

호루스의 눈
(부적)

피와 장기를
담는 그릇

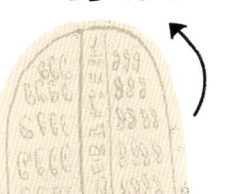

기도문을 적은 판

제사장과 의사들은 환자의 병을 치료하기 위해
서로 도왔어요. 그들은 귀신을 몰아내려고
노래를 부르며 막대기를 흔들어 댔지요.
환자들은 주문이 적힌 부적을 지니고 다녔어요.

신전은 신의 집이었고, 오직 제사장만이 안으로 들어갈 수 있었어요.
파라오가 죽으면, 시신을 장례용 배에 태워
나일강을 건너서 신전으로 옮긴 뒤에 미라로 만들었답니다.

제사장들은 날마다 신전에서 의식을 치렀어요. 아침이면 신들의 조각상에
신성한 기름과 향수와 옷을 바치고 화장을 해 주었지요.
그런 다음에는 신들을 행복하게 하기 위해 음식을 제물로 바쳤어요.
그래야 왕국에 행운이 깃든다고 믿었으니까요.

피라미드 깊숙한 곳에는 고대 이집트의 파라오가 묻혀 있답니다.
파라오가 살아 있을 때 일꾼들을 동원해서 무덤을 만들었지요.
그래서 파라오는 자신이 얼마나 멋진 곳에 묻힐지 직접 확인할 수 있었어요.

파라오가 죽고 70일이 지나면 장례식을 치렀지요.
시신을 장례를 진행할 신전으로 옮긴 뒤, 마침내 파라오가
영원한 안식에 들기까지 신성한 의식을 거행했어요.

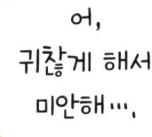

어,
귀찮게 해서
미안해….

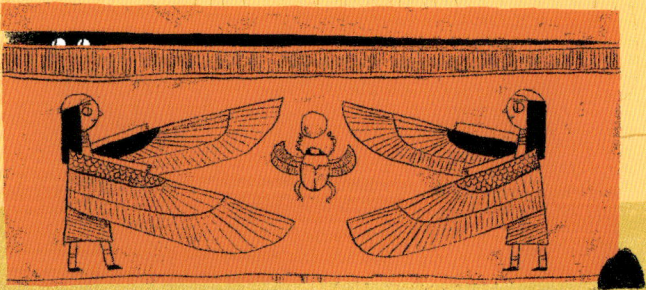

야옹!

가난한 사람들은
그저 모래 속에 묻혔어요.
오직 부자들만이
무덤을 가질 수 있었지요!

시신이 놓이는 무덤 속 방에
죽은 사람과 가족의
그림을 그렸어요.
안쪽에 가짜 문을
그려 넣었는데,
이 문으로 죽은 사람의
영혼이 드나든다고 해요.
어째 으스스하네!

이런!

이집트 사람들은 죽으면 모든 게 끝난다는 생각이 마음에 들지 않았어요.
그래서 죽은 뒤에도 영원히 머무는 세계[사후 세계]가 있다고 믿었지요.
사후 세계로 여행을 떠나려면 죽은 자의 몸을 '미라'로 만들어 보존해야 했어요.
이 과정은 무려 70일이나 걸리는 끔찍한 작업이었지요.

미라를 만드는 방법 - 절대 따라 하지 마세요!

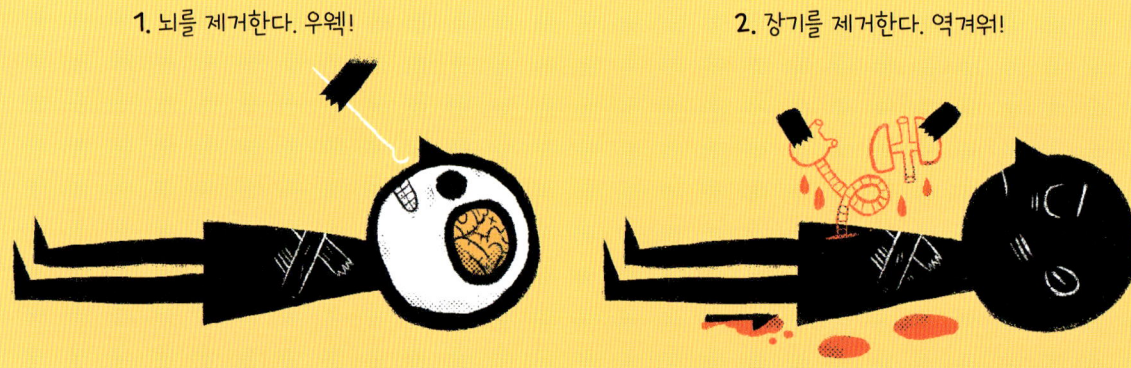

1. 뇌를 제거한다. 우엑!

2. 장기를 제거한다. 역겨워!

3. 꺼낸 장기들을 '카노푸스의 단지'에 넣는다.

나는 이제 사후 세계로 갈 거야. 안녕!

4. 죽은 자의 몸에 기름을 바른다.

5. 아마천으로 감싼다.

6. 신성한 기운이 담긴 부적을 올려놓는다.

티에트 (팔다리를 보호한다.)

앙크 (생명을 상징한다.)

스카라베 (쇠똥구리 모양의 부적. 다시 태어남을 상징한다.)

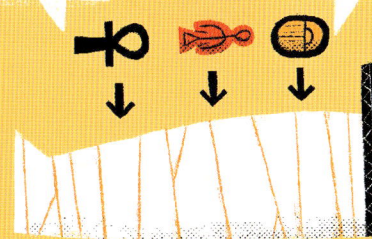

화난 미라에 관한 농담 들어 봤니?
그가 뚜껑이 열렸대!

7. 미라를 돌로 만든 관에 넣는다.

파라오가 가장 좋아했던 반려동물이나 물건도
함께 묻었답니다. 곰돌이 인형을 데려가다니,
이 파라오는 좀 부끄럽겠네요!

사람만이 아니라 동물도 미라로 만들었어요. 몇몇은 반려동물이었지만, 대부분은 종교 의식에 바치는 제물이었지요. 사후 세계로 건너갈 때 신들이 죽은 자에게 살면서 동물을 해친 적이 있는지 물어본다고 해요. 그때는 동물을 해치는 일이 심각한 범죄였거든요. 그러면 죽은 자는 자신의 결백을 증명하기 위해 붕대에 싸인 죽은 고양이를 보여 줄 수도 있겠지요?

엄청나게 많은 고양이가 미라가 되었어요.
이들은 고양이 모습을 한 전쟁의 여신 '바스트'를 상징했지요.

개는 인기 있는 반려동물이자 가축이었고,
경찰의 조수이기도 했어요. 이집트에는 개나
자칼의 모습을 한 신이 여럿 있는데, 죽은 사람을
인도하는 신인 아누비스가 가장 유명하답니다.

다리가 긴 따오기도
미라로 만들었어요.
그런 다음 지혜의 신인
토트에게 바쳤지요.

고대 이집트 사람들은 보기만 해도 무시무시한 악어를 이용해 전쟁에서 적을 위협하기도 했어요.
사람들은 악어를 너무나도 무서워했고, 그 덕분에 악어는 아주 편안하고 즐겁게 살았지요.
악어가 죽으면 풍요의 신인 세베크와 태양의 신인 라에게 바쳤다고 해요.

개코원숭이도
달과 지혜의 신인
토트를 상징했어요.

특별히 선택받은 황소들은 황소의 신인 아피스로 숭배되었어요.
아피스 황소는 태어나면서부터 가장 좋은 음식을 먹고,
편안한 침대에서 자는 등 아주 훌륭한 대접을 받았지요.
그러다 죽음을 맞이하면 파라오처럼 미라가 되었어요.

43

이집트 사람들에게 죽음이란 새로운 삶을 위해 또 다른 세계로 떠나는
힘든 여정을 시작하는 일이었어요. 이 세계를 '사후 세계'라고 불렀지요.
사후 세계에 가려면 필요한 물건들을 챙겨야겠지요?
그래서 부유한 사람들은 수많은 재물과 함께 묻혔답니다.

이게 필요하고···
이것도···
또 이것도···.

사후 세계로 가려면

1. 당신의 영혼은 뱀과 악마들의 땅을 지나 진실의 전당으로 가야 해요.

2. 이제 42명의 신에게 당신이 훌륭한 삶을 살았으며, 남의 것을 훔치거나 음식을 몽땅 먹어 치우지 않았다는 사실을 말하고 설득해야 해요. 지친다, 지쳐!

4. 만약 당신의 심장이 깃털만큼 가볍다면, 영원한 삶을 살 수 있어요.

3. 신들이 만족했다면, 다음 단계에서는 당신의 심장 무게를 재야 해요.

5. 하지만 깃털보다 무겁다면, 당신은 사악함으로 가득 차 있다고 여겨질 거예요.

6. 그러면 죽은 자를 삼켜 버리는 괴물인 암무트가 심장을 먹어 치우고, 당신은 마치 존재한 적이 없는 것처럼 사라지고 말 거예요. 이제 당신에게 사후 세계는 없어요!

이집트에는 100개가 넘는 피라미드가 있어요.
파라오와 통치자들이 저마다 죽을 때를 대비해 만든 무덤이지요.
이집트 사람들이 왜 사각뿔 모양을 선택했는지는 아직 밝혀지지 않았어요.
어쩌면 태양 광선을 나타내거나 하늘로 오르는 계단을 상징할 수도 있겠지요.
가장 큰 피라미드는 기원전 2589년 무렵 쿠푸왕을 위해
이집트의 수도 카이로 가까이 있는 기자에 세운 '대피라미드'랍니다.

하나의
피라미드를
만들려면 정말
많은 사람의 노동과 시간,
그리고 돈이 필요했어요. 기원전
1525년 무렵 이집트인은 결국 피라미드
세우는 일을 그만두었어요. 그 대신 '왕가의
계곡'에 지하 무덤을 만들어 파라오를 묻었지요.
'왕가의 계곡'에서는 지금까지 63개의 무덤과 방들이
발견되었지만, 앞으로 더 많은 곳이 새롭게 발굴될 수도 있어요.
피라미드는 오늘날 해마다 수백만 명이 방문하는 관광 명소랍니다.

나, 진짜
너무 힘든데….

코가 없다고? 불쌍하다!
아마 스핑크스를 나쁘게 생각한
누군가가 끌로 깎아 내는 바람에
코를 잃어버렸을 거야.

원래는 턱수염도 길렀을 거야.
진짜 멋있었겠다!

이집트 사람들은 석회석으로 사람 머리에 사자의 몸을 한 조각상을 만들었답니다.
이 거대한 스핑크스는 거의 4500년 동안 기자의 피라미드를 지켰어요.
기자에는 여러 개의 피라미드가 있는데, 이 스핑크스의 얼굴이 근처 피라미드에 묻힌
카프레왕을 닮았다고 해요.

길이가 73미터, 높이가 20미터인
이 거대한 스핑크스는 지구에서
가장 큰 고대 조각상이에요.

이 스핑크스를 언제 만들었는지는 아무도 몰라요.
스핑크스가 지키는 무덤 주인인
카프레왕의 얼굴을 본떠 기원전 2500년 무렵에
만든 것으로 추측되지요.

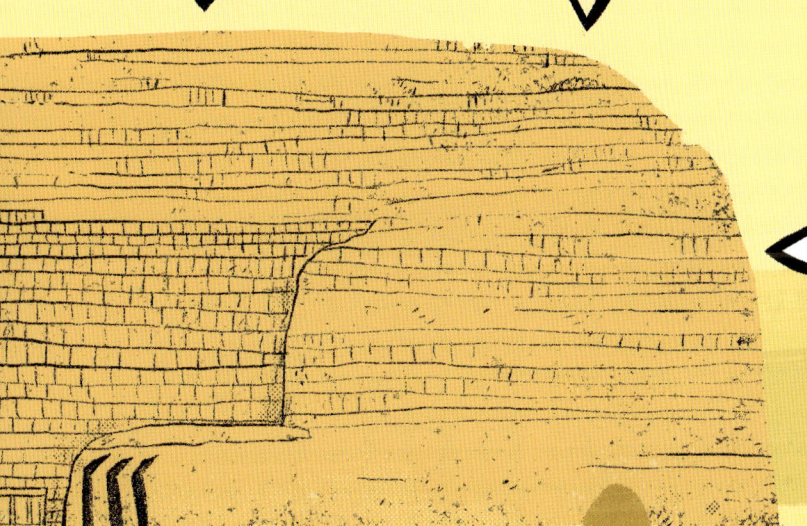

스핑크스를 물감으로 칠한
흔적이 남아 있어요.
아마도 조각상 전체가
밝은색으로 칠해졌을지 몰라요.
얼마나 멋있었을까?

이 스핑크스는 거의 평생을 모래 속에 묻혀 있었어요.
1925년이 되어서야 땅속에서 발굴되었으니까요. 스핑크스 조각상을 보호하려는
사람들은 이웃 도시의 환경 오염이 나쁜 영향을 끼칠까 봐 걱정하고 있어요.
그래서 어떤 사람은 스핑크스를 다시 땅속에 묻자고 제안하기도 했대요!

수천 명의 일꾼이 힘을 합쳐 하나의 피라미드를 만들기까지는 여러 해가 걸렸지요.
하지만 아직도 그들이 어떻게 피라미드를 세웠는지 확실히 알지 못해요.
경사로를 만들고, 썰매 모양 기구에 돌덩어리를 실어 위로 옮겼다는 주장이
가장 널리 알려져 있지요. 파피루스에 그려진 그림과 피라미드 근처에서 발견된
진흙 벽돌로 만든 경사로 유적이 이런 주장을 뒷받침해 주지요.

피라미드마다 그 안에 비밀 입구와 통로가 있어요. 그곳을 지나 깊은 곳에
방을 만들어 파라오의 시신을 모셨지요. 피라미드를 만든 사람들은
보물을 훔치러 들어오는 도굴꾼들을 속이기 위해 가짜 방을 만들기도 했답니다.

하지만 안타깝게도 우리가 알고 있는 거의 모든 피라미드와 무덤이
도둑맞고 말았어요. 심지어 피라미드를 건설한 일꾼이 도둑질을 하기도 했지요.
파라오와 함께 묻힌 수많은 보물이 얼마나 아름다울지는 그저 상상만 할 뿐이에요.
다행히 몇몇 놀라운 발견 덕분에 이집트의 보물 중 일부를 만날 수 있지요.

고대 이집트에 관해 우리가 알고 있는 거의 모든 사실은 고고학자들이 연구를 통해
밝혀낸 거랍니다. 과학자와 탐험가들이 몇백 년에 걸쳐 모래를 파헤치면서
고대 이집트 사람들이 어떻게 살았는지 알아내려고 노력해 왔지요.
물론 금은보석도 조금은 찾기를 바라면서요!

투탕카멘의 장례용 가면

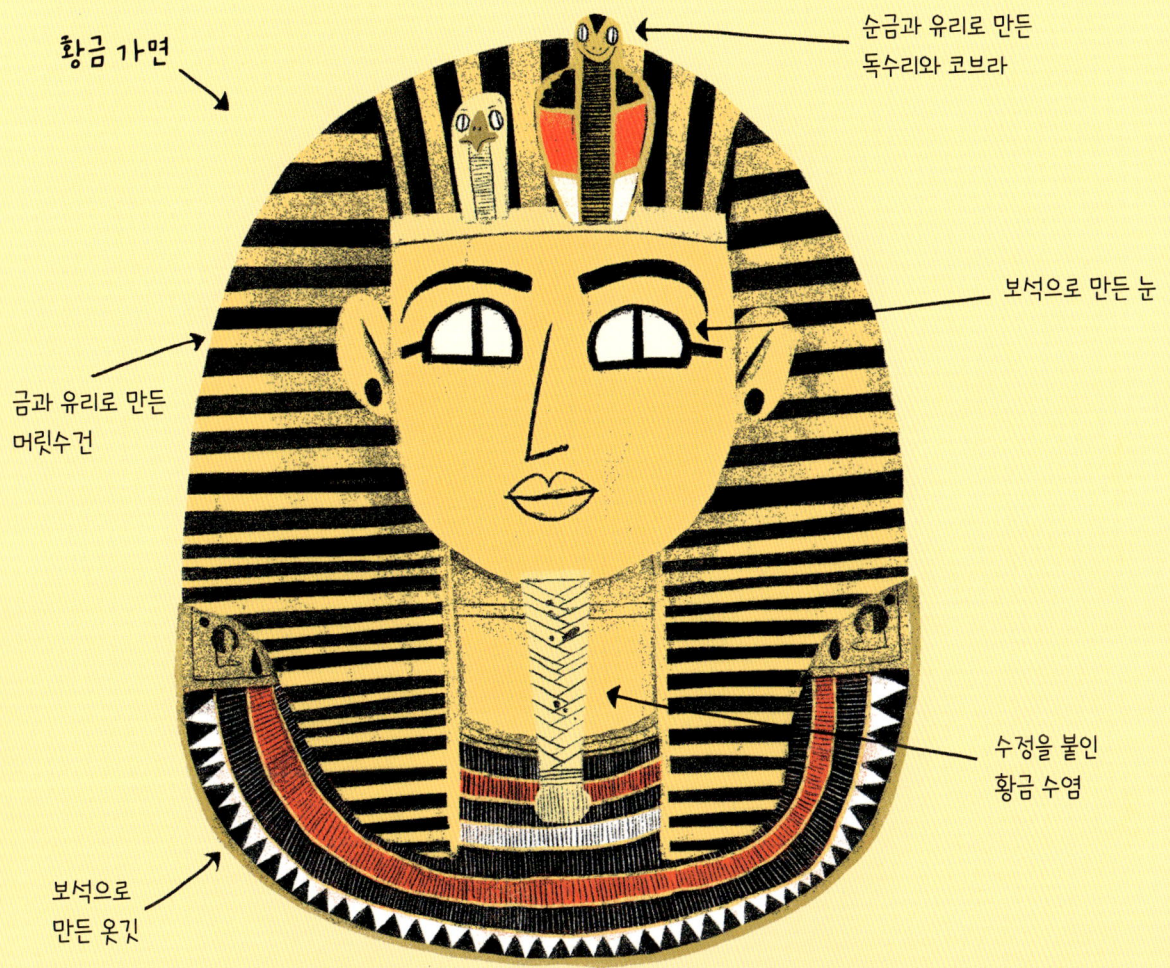

황금 가면

순금과 유리로 만든
독수리와 코브라

보석으로 만든 눈

금과 유리로 만든
머릿수건

수정을 붙인
황금 수염

보석으로
만든 옷깃

고대 이집트는 18세기에 세계적으로 아주 유명해졌어요.
그 시기에 수백 개의 무덤을 발견했기 때문이지요. 하지만 안타깝게도 그 무덤들은
이미 오래전에 모두 도둑맞은 상태였고, 단지 유물 몇 점과 시신 일부만 남아 있었지요.
그 뒤로 1922년에 놀라운 발견이 이루어졌어요!

탐험가이자 고고학자인 하워드 카터는 오랫동안 아무 성과도 없이 고대 이집트 유적을 찾아 헤매고 다녔어요. 그러던 어느 날, 투탕카멘의 무덤을 발견했답니다. 이제껏 발견한 파라오의 무덤 가운데 가장 온전한 무덤이었지요!

그 무덤은 조각상, 금이 가득 든 상자, 보석 등 엄청난 보물들로 가득 차 있었어요. 세계에서 가장 화려한 관이라는 투탕카멘의 석관도 있었고요.

그런데 얼마 지나지 않아 상황이 이상하게 변했어요. 카터의 친구인 카나본 경이
모기에 물려 죽자, 신문마다 무덤이 저주를 내렸기 때문이라고 보도하기 시작했지요.

또 신문들은 무덤을 발굴하자마자 카터가 기르던 새를 코브라가 잡아먹었다고
보도했어요. 정말 투탕카멘의 미라가 모두를 죽인 것일까요?
미라의 저주는 단지 소문일 뿐이지만, 오늘날에도 미라가 살아났다는 무시무시한
이야기는 인기가 아주 많답니다.

아무도
안 놀아 줘서
심심해!

이집트는 사막으로 둘러싸여 있었지만 자꾸만 다른 나라의 침략을 받았어요.
남쪽, 서쪽, 북쪽에서 여러 차례 공격을 받자 마침내 군대를 조직했지요.
최고 지휘관이던 파라오는 직접 군대를 이끌고 전쟁에 참여하기도 했어요.
이집트는 곧 주변 국가들을 정복하기 시작했고, 제국은 점점 세력을 넓혀 갔지요.

무거운 거 들어 올리기

더 무거운 거 들어 올리기

병사들은 체력을 유지하려고
쉬지 않고 훈련을 했어요.
싸우거나 훈련하지 않을 때면,
들판에서 수확을 돕거나
궁전과 피라미드 건축을 위해
파견되었지요, 어휴!

팔 굽혀 펴기

이집트의 전사

활과 화살은
병사에게 가장 중요한
무기였어요.

갑옷을 입는 대신
방패를 들고 다녔지요.

궁수들은 거의 200미터
떨어진 곳에서
화살을 쏘아 목표물을
맞힐 수 있었어요!

적이 다가오면 창과 도끼,
단검을 사용해 물리쳤답니다.

만약 적과 싸워서 이긴다면, 전쟁터에서 발견한 값진 물건을 무엇이든 가질 수
있었어요. 그건 때로는 좋은 일이었지만, 늘 그런 것만은 아니었지요.

기원전 332년에 고대 그리스 마케도니아 왕국의 알렉산드로스 대왕이
이집트를 정복했어요. 그는 그리스, 페르시아, 인도에 대제국을 건설하기도 했지요.
알렉산드로스 대왕은 이집트에 '알렉산드리아'라는 새로운 수도를 세웠답니다.
그 뒤로 300년 동안 그리스인이 이집트를 지배했어요.
'알렉산드리아'라는 이름은 도대체 어떻게 생각해 낸 걸까요?

알렉산드로스 대왕이
사랑했던 부케팔로스

알렉산드로스 대왕

오늘 밤에
또 악몽을 꾸면
어쩌지?

파라오인 클레오파트라가 죽고 난 뒤, 기원전 30년에 로마인이 이집트를 점령했어요.
로마의 통치가 계속되면서 온 나라의 일상생활에 큰 변화가 일어났지요.
로마 제국을 통해 새로운 종교가 들어왔고, 300년 무렵에는 이집트인 대부분이
크리스트교로 종교를 바꾸었답니다.

300년쯤 지나 로마 제국은 점점 힘을 잃어 갔어요. 그러자 이번에는 이슬람 제국이
이집트를 침략해 왔지요. 그들은 이집트를 이슬람교를 믿는 모슬렘 국가로 바꾸어 놓았고,
이는 오늘날까지 이어지고 있답니다.

오늘날 이집트의 공식 명칭은 '이집트 아랍 공화국'이랍니다.
이집트에는 사실 고대 유적만 있는 게 아니에요. 수도인 카이로를 비롯해
번화한 도시도 많답니다. 사람들은 지금도 나일강 근처에 모여 살아요.
그래서 나일강 주변 도시는 늘 사람들로 북적이지요!

4000년이 지난 지금도 이집트 문명은 여전히 우리 마음을 사로잡아요.
그들의 역사와 유적은 언제나 전 세계 사람들을 유혹하지요.
이집트를 방문해 고대 문명이 남긴 놀라운 흔적들을 만나 보는 건 어때요?

기원전 6000년 무렵

나일강 근처에 사람들이
모여 살기 시작하다.

기원전 5000년 무렵

나일강 유역에
도시를 건설하다.

기원전 4500년 무렵

이집트인이 배에
돛을 처음 사용하다.

기원전 2500년 무렵

거대한 피라미드와 스핑크스를 만들다.
기원전 2500년 무렵에서 기원전 2000년 무렵은
'고왕국 시대'에 해당한다.

기원전 1500년 무렵

'왕가의 계곡'에 여러 왕의 무덤을 만들다.
기원전 1500년 무렵에서 기원전 332년은
'신왕국 시대'와 이후 쇠퇴기에 해당한다.

기원전 3500년 무렵

상형 문자를 새기기 시작하다.

기원전 3000년 무렵

거대한 기념물과 신전을 건설하다.

기원전 1323년 무렵

투탕카멘왕이
무덤에 묻히다.

기원전 332년

알렉산드로스 대왕이
이집트를 정복하다. 그리스인이
이집트를 통치하기 시작하다.

기원전 30년

클레오파트라 여왕이 죽고,
로마인이 이집트를
점령해 지배하다.

제임스 데이비스

영국 웨일스 출신의 작가이자 일러스트레이터예요.
2018년에 몸이 아주 긴 개와 나눈 특별한 우정을 다룬 그림책《긴 개Long Dog》를 출간해
그림책 작가로 활동을 시작했어요. 최근에는 고전 만화와 복고풍 그림책의 영향을 받은
독특하고 대담한 그림 스타일을 선보이고 있답니다.
탄수화물 식품을 가장 좋아하며, 머리털이 많이 빠진 말썽쟁이 치와와와
영국 서부의 항구 도시 브리스틀에서 살고 있어요.

김완균

한국외국어대학교 독일어과를 졸업하고, 독일 괴팅겐대학교에서 독문학 전공으로
문학박사 학위를 받았어요. 지금은 대전대학교 H-LAC대학 교수로 재직하고 있습니다.
옮긴 책으로《못 말리는 악동들의 특별한 크리스마스 공연》,《고맙습니다 톰 아저씨》,
《가재바위 등대》,《에스더의 싸이언스 데이트 1, 2》,《하케 씨의 맛있는 가족 일기》,
《수영하는 사람들》,《젤프의 기만》,《안녕! 지구인》,《무타보어! 마법의 주문을 외워 봐》,
《도대체 가짜 뉴스가 뭐야?》,《세계 역사 아틀라스》등이 있어요.

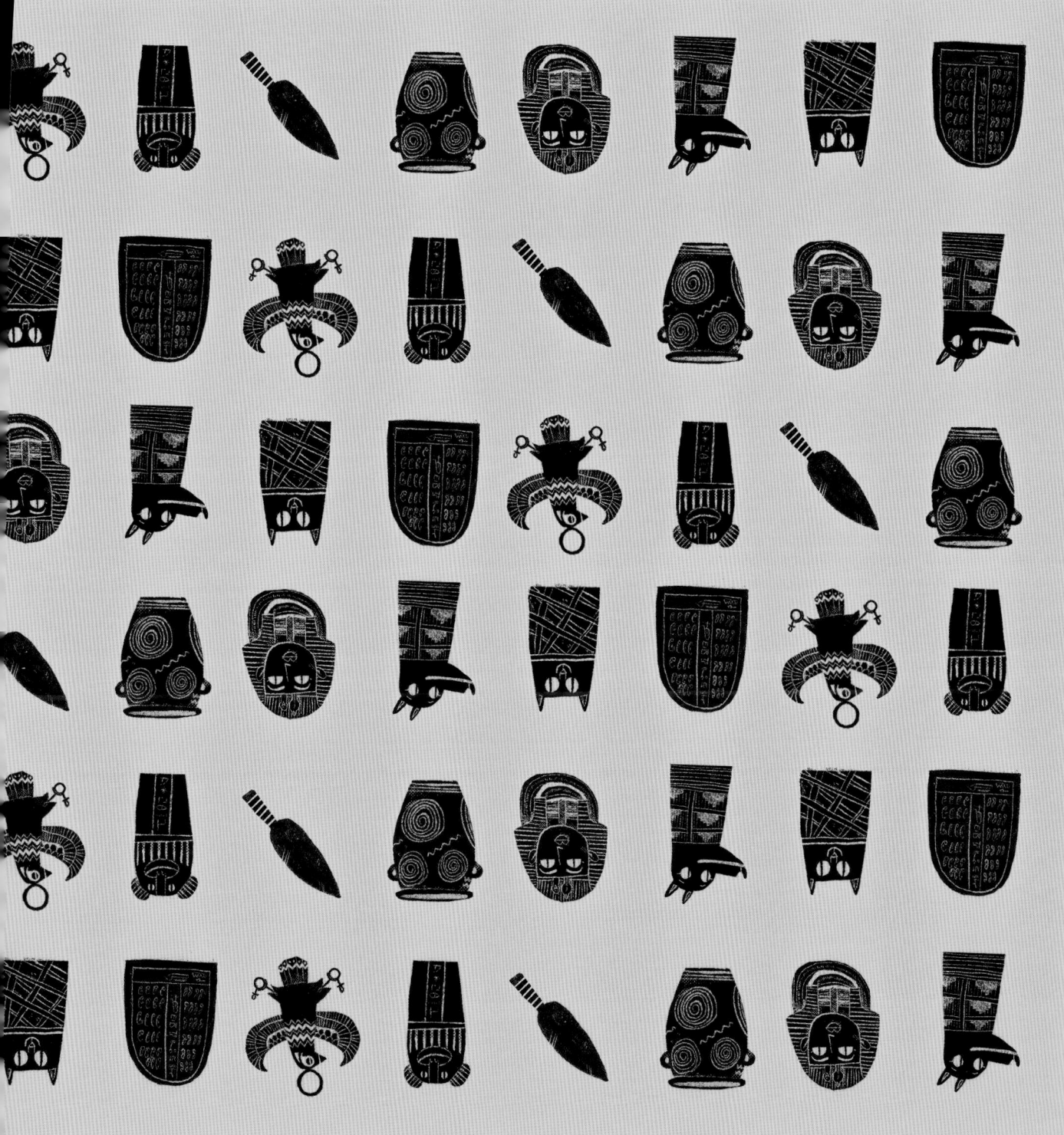

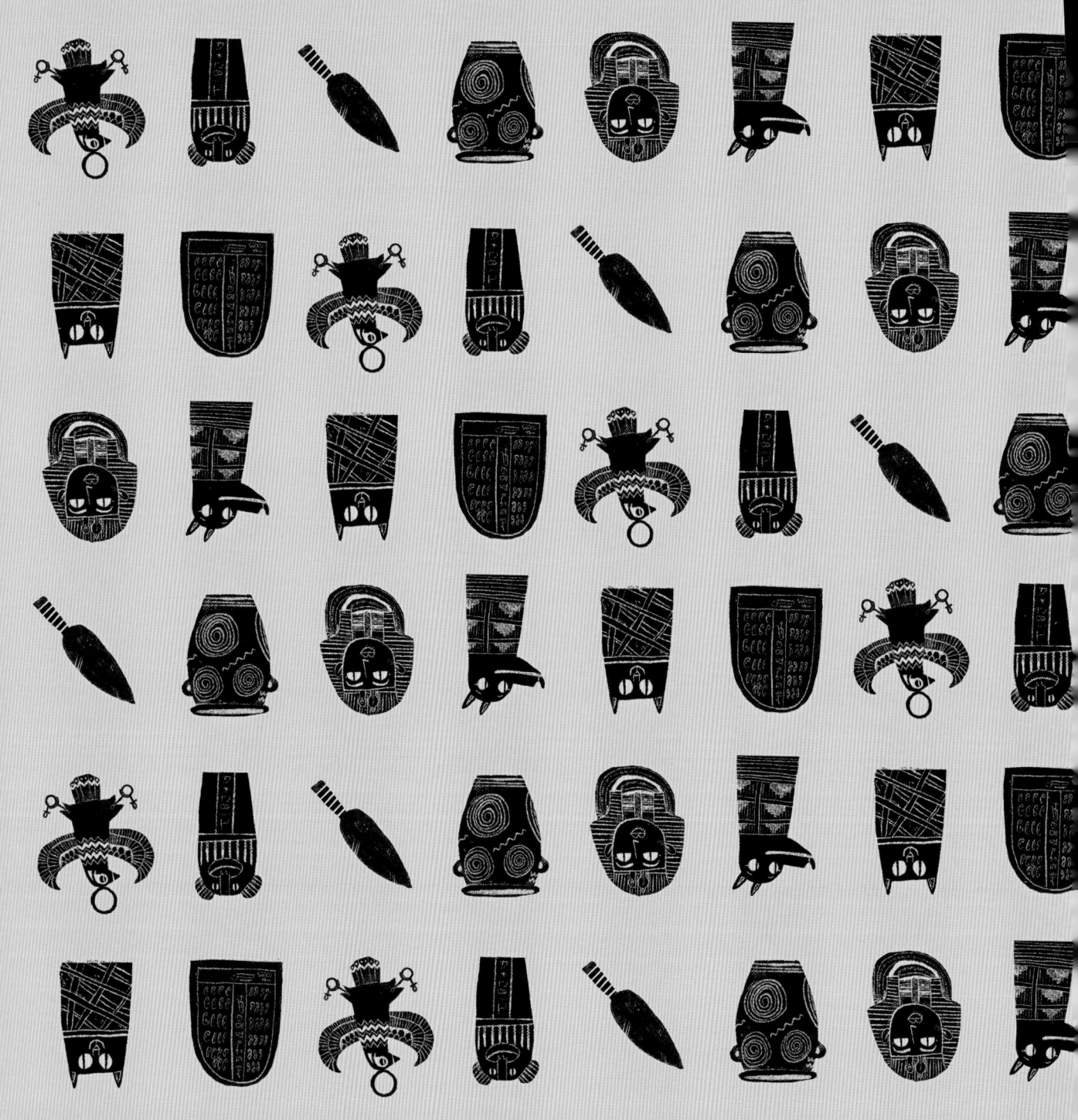